SIETE RAZONES POR LO CUAL DEBE CONTRATAR UN ABOGADO

*Protegiendo sus Derechos sobre
Compensación de Trabajadores*

JAMES W. ARMSTRONG JR.

Lillies of the Field LLC

Seattle Washington

SIETE RAZONES POR LO CUAL DEBE DE CONTRATAR UN ABOGADO

Protegiendo sus derechos sobre compensación de trabajadores

Edición del Estado De Washington

Este folleto se proporciona a través de las oficinas de abogados de Armstrong para ayudarle a aprender cómo un abogado puede ayudar a proteger su reclamación de beneficios.

Si usted tiene alguna pregunta, por favor llame a nuestras oficinas al (253) 854-7343.

Podemos ayudarle.

Publicado por Lillies of the Field LLC
Todos los Derechos Reservados.

ISBN: 1500336815
ISBN-13: 978-1500336813

Tenga en cuenta que este libro no pretende reemplazar la obtención de un abogado y no servir como asesoría legal.

SIETE RAZONES POR LO CUAL DEBE DE CONTRATAR A UN ABOGADO

Protegiendo sus derechos sobre compensación
de trabajadores

Contenidos

Reconocimiento

Me gustaría dar las gracias a Dios por haberme permitido ejercer la práctica de ser abogado durante los últimos 14 años. Durante este tiempo, he tenido la oportunidad de seguir ayudando a los más necesitados. Stephen Matlock, un gran amigo, no sólo me animó a escribir este libro, pero me ha apoyado y guiado a lo largo del camino. Por último quiero agradecer a todos aquellos que se están tomando el tiempo leyendo este libro. Esperamos que este folleto le dé información que le pueda ayudar en su caso.

¿Porque debe de escojer a un abogado para que lo represente a usted y a su reclamo?

La primera pregunta que debe de preguntarse es: ¿necesito un abogado que me represente? Y para responder esa pregunta usted debe de saber algunas cosas sobre sus derechos y su reclamo.

Cuando usted entienda la habilidad, experiencia y valor que un abogado aporta al manejo de su reclamo, usted puede estar preparado para involucrar a su abogado.

Lo que usted gana al leer este folleto

Al leer este folleto, usted entenderá los siguientes beneficios:

1. Que gana usted al contratar a un abogado para que represente sus intereses.
2. Que debe de esperar una vez que su abogado se haga su defensor ante el Departamento de Labor e Industrias.
3. Que se le pedirá a usted para poder resolver su caso apropiadamente y con lo menos posible de retrasos.

Lo que encontrara en este folleto

Los temas mencionados en este folleto incluyen los siguientes:

*   Manejo de Reclamos

- Reclamos de Compañías con Auto-aseguranza
- Su Examen de Medicos Independientes
- Respondiendo a una Negación de Tratamiento Médico
- Negación de Tratamiento
- Asignación de Consejero Vocacional
- Órdenes de Cierre
- El Rechazó de Reclamos

Lo que es importante acerca de tener un abogado

Su discapacidad y beneficios de reclamo son importantes para usted por tres motivos:

1. Su reclamo es su única oportunidad de hacer una declaración con respecto a sus lesiones y beneficios asociados con esa lesión.

2. Recibir beneficios oportunos sin demora reduce las posibilidades de efectos duraderos de sus lesiones o lesión.

3. Continuando a recibir una indemnización, mientras que usted no puede trabajar alivia el estrés de estar sin trabajo mientras que sufra por las lesiones relacionadas con el trabajo.

Beneficio #1: Manejo de Reclamos

¡Usted puede obtener una serie de ventajas a la hora de contratar a un abogado para **manejar su reclamo,** la más importante es que usted puede evitar las seis otras razones que indican si necesitara un abogado!

Cuando usted tiene la asistencia y recursos de un abogado con experiencia al igual que su personal, su reclamo es activamente manejado por personas que ya saben lo que hay que anticipar y saben cómo prepararse para cualquier desafío. Esta gestión de reclamaciones lo libera de la tensión de esperar a que pase algo y luego no estar preparado para actuar rápidamente cuando el proceso lo requiera.

Un abogado que este familiarizado con reclamos similares puede razonablemente anticipar los siguientes pasos que su caso va a tomar y así saber cuáles pasos podrá tomar el sobre su reclamo. Reviso mensual y actualizaciones del estado de su reclamo mantendrá a su actual abogado con su reclamo al día, al igual que al tanto de las acciones necesarias para mantener su reclamo en movimiento a lo largo del proceso.

Por supuesto, tener un abogado que lo represente no impedirá que hagan decisiones adversas, pero él / ella definitivamente preparará todo para responder rápidamente a los retos que puedan surgir durante la vida de su reclamo.

Al final, a pesar de que un abogado tiene su precio, vale la pena la representación proporcionada como resultado de ese cobro, especialmente si sus beneficios se ven amenazados. Tome en cuenta que un abogado no puede cobrar una cuota de los beneficios que se le niegan o retrasan.

Beneficio #2: Representación para Reclamos de Compañías con Auto-aseguranza

Un **Reclamo de Auto-aseguranza** es un reclamo que surge cuando el empleador carga con su propia aseguranza y contrata a un tercer administrador para gestionar la reclamación. Si usted tiene un reclamo en la cual el empleador está asegurado por sí mismo y cree que es un caso de simplemente abrir y cerrar, piénselo de nuevo. Sin embargo, si por casualidad, todo le va bien y usted recibe el tratamiento recomendado, el re-entrenamiento vocacional, etc.; es posible que no necesite los servicios de un abogado y su caso se asentará por sí mismo.

La mayoría de los casos no se pueden solamente abrir y cerrar. Esto aplica a los casos que usted podría pensar que son los más simples y más fáciles de entender. La mayoría de los beneficios que surgen a través de las reclamaciones de empleadores con su propia aseguranza son desafiados por el empleador.

Usted debe saber que su empleador tendrá un profesional allí para que los represente en el caso de ellos. Ahora pregúntese usted, ¿quién estará allí para representarme a mí?

El administrador de su empleador esta para ese empleador no está ahí para protegerlo a usted o para entender sus problemas. A veces parecerá que una vez que usted se lesiona, poco después el administrador iniciara el proceso de cerrar su reclamo.

Una de las primeras herramientas del defensor de su empleador se basa en utilizar en su defensa un examen de médicos independientes. Muy a menudo, ellos programan un examen de médicos independientes de lo que es típico para un reclamo que es fondado estatal (reclamo manejado por el Departamento de Labor e Industrias). O, se programará el examen de médicos independientes poco tiempo después de haber empezado a recibir su tratamiento, antes de que usted pueda esperar algún tipo de beneficio por los tratamientos. Un examen de médicos independientes no mostrara su verdadera condición, y podría dar lugar a una reducción o negación de beneficios.

Beneficio #3: Su Examen de Médicos Independientes

Un **Examen de Médicos Independientes** está programado por el departamento, así como por los empleadores auto-asegurados en un intento de asegurar las opiniones médicas que puedan ayudar en última instancia, en el cierre de su reclamo. Muchas veces los médicos que realizan estos tipos de exámenes son los mismos médicos que han realizado estos exámenes para el Departamento y empleadores auto asegurados durante muchos años. Por lo tanto, tenga en cuenta el origen de la referencia.

Después de que el examen de médicos independientes se lleva a cabo, el médico de cabecera obtiene una copia de su examen para que dicte su acuerdo. Si su médico no está de acuerdo con las conclusiones del examen de los médicos independientes, lo enviarán a otro examen de médicos independientes para romper el "empate" entre el médico que lo mira y el de ellos. Cuando los resultados del segundo examen vuelven y son adversos a sus intereses, el proceso de cerrar su reclamo continuará hasta que su reclamo este cerrado ahora que hay dos doctores independientes dando sus opiniones adversas al médico de cabecera.

¿Cómo podemos ayudar? si lo envían a un examen de médicos independientes, si, ese informe se le enviará a su médico. Si su médico no está de acuerdo con el examen de médicos independientes, vamos a programar un nuevo examen antes de que el departamento o empleador auto-asegurado lo haga, para que pueda obtener una opinión objetiva de alguien que no está potencialmente comprometida por el Departamento o el administrador de terceros, a los cuales han utilizado muchas veces en el pasado.

Si la opinión objetiva regresa a su favor, vamos a presentar el dictamen, junto con el acuerdo de su médico, al departamento. Esto le ayudará a obtener su reclamo de nuevo en marcha para que siga recibiendo compensación por tiempo perdido, tratamiento, servicios vocacionales, tratamiento médico, y cualquier otro beneficio que tenga derecho a recibir.

Beneficio #4: Respondiendo a una Negación de Tratamiento Médico

La **Negación de Tratamiento** puede ocurrir como el resultado de las tres circunstancias:

1. Después de un examen de médicos independientes reciente que afirma que su tratamiento ha concluido y se encuentra arreglado y estable.

2. Después de la reciente programación de un examen de médicos independientes combinado con la renuncia tanto del departamento o el auto-asegurado empleador de no seguir aprobando el tratamiento hasta que tal examen se lleve a cabo.

3. Después de un análisis de su expediente médico que no muestra evidencia objetiva reciente para justificar la necesidad de seguir el tratamiento necesario y apropiado.

Para ayudarle a evitar una Negación de Tratamiento, su abogado se asegurará de que él este actualizado hasta al día con su información médica. Él / Ella también argumentará que la opinión médica actual en su archivo indica que está en necesidad de tratamiento médico. Como tal, hasta que un IME (examen de médicos independientes, por sus siglas en inglés) indique de otro modo, la opinión de que el tratamiento es necesario permanece en efecto. Si es necesario, su abogado trabajará con su gerente de reclamo para asegurar el tratamiento continúa, a cambio de su asistencia a una próxima IME.

Beneficio #5: Asignación de Consejero Vocacional

Una vez que su condición sea dictado fija y estable (el tratamiento ya no es necesario) y que han recibido las restricciones de su médico, un **consejero vocacional** será asignado a su caso y una determinación sobre su regreso al trabajo necesitara ser hecha.

Si el reentrenamiento es necesario para regresarlo a la fuerza laboral, su abogado le ayudará a elegir una meta de reentrenamiento que se adapte a sus habilidades e intereses.

Sin un abogado para defenderlo y centrar la atención en usted, la parte perjudicada, un consejero vocacional a menudo con exceso de trabajo o sin motivación puede tratar de colocarlo en posiciones como secretario general, o ensamblador electrónico, posiciones que normalmente no son atractivas para la mayoría de los candidatos de reentrenamiento.

Su abogado se asegurará de que usted reciba su plan de reentrenamiento profesional, eso incluye **dos años de certificación** en lugar de dos meses en el puesto de trabajo, que no le ayudará a la hora de solicitar un puesto de trabajo a la finalización de su programa.

JAMES W. ARMSTRONG JR.

Beneficio #6: Manejando Órdenes de Cierre

Una vez que cierra su reclamo, usted recibirá una **Orden de Cierre** con derechos de apelación. Si está en desacuerdo con la orden de cierre, tiene 60 días para protestar o apelar la decisión. No se puede enfatizar lo suficiente- **Es una necesidad a este punto buscar el consejo de un abogado.** La presentación de una protesta a la clausura de la reclamación sin el consejo legal puede dar lugar a la programación de otro examen independiente. Sin asesoramiento legal es posible que usted asista este examen independiente y tendrán otra opinión en contra de usted haciéndolo aún más difícil de revocar la orden de cierre en el momento de apelación.

Sin embargo, si usted recibe una orden de cierre y se pone en contacto con un abogado, él / ella puede ayudarle a tomar la decisión correcta con respecto a la forma en que debe de proceder. Puede haber información médica que ha sido pasado por alto en el archivo haciendo una protesta por el cierre adecuado. En la mayoría de los casos, un recurso de apelación será el camino más apropiado para tomar a fin de no exponerse a otro examen independiente.

Recuerde, el Departamento o su empleador auto-asegurado tendrán un abogado entrenado y con experiencia representando los intereses de ellos una vez que se presenta una apelación. Por su propia seguridad, la contratación de un abogado aumentará sus posibilidades de éxito en la obtención de mayores beneficios.

Beneficio #7: Apelando el Rechazó de Reclamos

Reclamaciones presentadas ante el departamento de Labor e Industrias pueden ser negadas por una serie de razones:

- Tal vez la documentación médica necesaria que relaciona su lesión con el trabajo hace falta o no está completa.

  En este caso, su abogado puede analizar correctamente su caso, determinar si algo falta o está incompleto y tomar la acción apropiada

- Tal vez el departamento lo ha enviado a un examen de médicos independientes, y los resultados dieron lugar al rechazo de su reclamo. (Este segundo examen pudo haber sido solicitado, a pesar de que su solicitud fue presentada por un médico aparte que lo examinó por su condición.)

Si su solicitud es rechazada, usted puede protestar. Después de la presentación de la protesta, el departamento programará un examen de médicos independientes, aunque ya se haya realizado uno.

Si su solicitud ya ha sido rechazada, no debe asistir a un examen posterior. Asistir a un examen de médicos independientes, a petición del departamento cuando ya han rechazado la reclamación les da otra oportunidad de obtener información para apoyar su rechazo anterior. Tenga en cuenta que si usted asiste a un segundo examen de médicos independientes, y obtienen esa opinión médica, junto con el primer examen independiente, será difícil de superar en la apelación.

Un mejor enfoque al **Apelar un Reclamo Rechazado** es hacer un llamamiento directo a la Junta de Apelaciones del Seguro Industrial. Su apelación directa mantendrá la demanda fuera de las manos del departamento o el empleador auto-asegurado y evitará que puedan enviarlo a otro examen para obtener información adicional que utilizan para fortalecer su decisión de rechazar su reclamo.

Trabajadores Indocumentados

Los trabajadores que se lesionan en el trabajo, pero no tienen documentación de ciudadanía de EE.UU. están cubiertos por la Ley de Seguros Industrial de Washington. Hay una idea errónea de que si usted es un trabajador indocumentado, usted no es elegible para presentar una demanda por lesiones en el trabajo. Esto es falso. Usted tiene derecho a recibir todos los beneficios que reciben los trabajadores que se lesionan en el trabajo

Si usted se lesiona en el trabajo, solo infórmele inmediatamente el incidente a su supervisor directo

Informando sobre el incidente de inmediato se asegurará que no haya duda de que la lesión se produjo a causa del trabajo. Un retraso en la presentación de informes puede darle a su empleador la oportunidad de argumentar que la lesión no fue así, ya que no se informó de inmediato o mientras estuvo trabajando.

Tome nota de cualquier testigo a la lesión

Si tiene testigos que también son indocumentados, ellos pueden tener miedo de hablar en su nombre. Si usted tiene compañeros de trabajo que son ciudadanos documentados, hable con ellos, ya que no le tendrán un temor a la deportación.

Vaya a "Su" médico

Si usted se lesiona en el trabajo, vaya al médico de su preferencia para presentar un reclamo de compensación de trabajadores. Su empleador puede tener doctores que lo puedan animar a visitar. Usted no tiene ninguna obligación de consultar a un médico que su empleador le pida ver. Consulte a su médico de cabecera para presentar la reclamación.

Contratar a un Abogado

Un abogado protegerá sus derechos y mantendrá presionado a un patrón que pueda intentar intimidarlo debido a su condición de indocumentado. Un abogado se asegurará de que el Departamento durante el procesamiento de su reclamo no tenga en cuenta su estatus de indocumentado.

¿Qué Puede Hacer Su Abogado Para Usted y Su Reclamo?

Un abogado que se especializa en el manejo de reclamos puede ayudarle a concentrarse en lo que es importante para usted y su reclamo, pero él va a hacer el trabajo duro de mover su reclamación a través del proceso más rápida y eficiente. Su abogado también protegerá sus intereses para que pueda obtener los máximos beneficios garantizados por la ley.

¡Nosotros podemos ayudarle! Todos los pasos que se indicaron aquí se llevarán a cabo en su reclamo, no importara si está o no está preparado para ellos. ¿Va a tener un abogado para proteger sus intereses, o va a colocarse en estado de desventaja, ya cuando su reclamo este demasiado lejos de salvar?

Consiga un abogado. Contrátenos. Podemos ayudarle.

Nosotros le ayudaremos.

Contáctenos a
www.Armstrong-LawOffice.com
O por teléfono al (253) 854-7343

JAMES W. ARMSTRONG JR.

Preguntas Más Frecuentes

Me he lesionado en el trabajo. ¿Qué hago?

Si se lesiona en el trabajo, reporte el incidente inmediatamente a su supervisor, Vaya al médico de su preferencia para presentar una reclamación (no al médico que le diga su empleador) y complete la aplicación para beneficios.

No he podido trabajar después de mi lesión y no he recibido un pago. ¿Qué debo hacer?

Completar un formulario de verificación de los trabajadores y presentarlo al Departamento de Labor e Industrias.

Haga una cita con el médico y asegúrese de que él lo haya sacado del trabajo.

Contacte a su gerente de reclamo con las fechas de citas médicas para que él/ella puedan mantenerse al tanto de notas médicas.

Mi empleador me ha ofrecido trabajo liviano. ¿Tengo que aceptar la oferta?

Aunque no hay ningún requisito el cual dice que debe aceptar el trabajo liviano, tenga en cuenta que si usted no acepta ese trabajo liviano, usted no será elegible para la compensación de pérdidas de tiempo a menos que en algún momento usted haya sido sacado del trabajo en lugar de ser liberado al trabajo liviano.

¿Mi empleador me tiene que acomodar con mis restricciones por la lesión en el trabajo?

Su empleador no está obligado a tener acomodaciones para sus restricciones. Si su empleador no tiene disponible el trabajo liviano, usted es elegible para la compensación de pérdida de tiempo.

Mi reclamo cerró y yo no apele. ¿Puedo reabrir mi reclamo?

Usted puede aplicar para reabrir su caso hasta 7 años desde el momento que se cerró. Mantenga en mente que su condición debe haber empeorado con evidencia objetiva desde que la reclamación se cerró para poder reabrirlo.

Fui herido en el trabajo y mi médico me saco del trabajo, pero fui despedido por mi patrón. ¿Soy elegible para compensación de pérdida de tiempo?

Usted es elegible para la compensación de la pérdida de tiempo aunque usted este despedido de su puesto de trabajo. Pero esto solo es si lo despidieron sin causa y tiene la certificación médica para estar fuera del trabajo.

¿Si recibo un acuerdo, lo recibiré en un solo pago?

Si recibe una indemnización por discapacidad parcial permanente, usted recibirá un pago inicial (la cantidad que se determinará en base a la fecha de la lesión). Usted recibirá pagos mensuales con interés hasta que toda su discapacidad parcial permanente haya sido pagada en su

SIETE RAZONES POR LO CUAL DEBE
CONTRATAR UN ABOGADO

totalidad. Después de que haya pasado 70 días y que la orden de cierre se haya hecho definitiva y vinculante, puede solicitar que sele de la totalidad del saldo restante. No se le pagaran intereses si elige esta opción.

JAMES W. ARMSTRONG JR.

Sobre El Autor

JAMES W. ARMSTRONG JR. ha sido un abogado con su propia oficina durante los últimos catorce años, donde se enfoca en la compensación de los trabajadores y la discapacidad del seguro social.

Armstrong sirvió durante cuatro años en la Marines de Estados Unidos, recibió su licenciatura de la Universidad de Washington, y obtuvo su título de abogado en la Universidad de Seattle de la Escuela de Derecho.

Usted puede contactarlo por la página web de www.Armstrong-LawOffice.com o por teléfono al (253) 854-7343